# J'AIME MANGER DES FRUITS ET DES LEGUMES

Shelley Admont
Illustré par Sonal Goyal et Sumit Sakhuja

www.kidkiddos.com
Copyright©2014 by S.A.Publishing ©2017 by KidKiddos Books Ltd.
support@kidkiddos.com

All rights reserved. No part of this book may be reproduced in any form or by any electronic or mechanical means, including information storage and retrieval systems, without written permission from the publisher or author, except in the case of a reviewer, who may quote brief passages embodied in critical articles or in a review.

Second edition

Translated from English by Camille Granier
Traduit de l'Anglais par Camille Granier

**Library and Archives Canada Cataloguing in Publication**
I Love to Eat Fruits and Vegetables (French Edition)/ Shelley Admont
ISBN: 978-1-5259-1509-3 paperback
ISBN: 978-1-77268-447-6 hardcover
ISBN: 978-1-926432-67-0 eBook

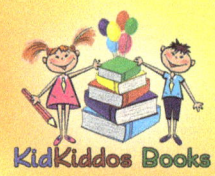

À ceux que j'aime le plus-S.A.

C'était une heure avant le déjeuner. Jimmy, le petit lapin, jouait avec ses deux grands frères.

— J'ai vraiment envie de manger quelque chose de sucré, dit soudain Jimmy.

— Nous ne pouvons pas manger de bonbons avant le déjeuner, dit son frère aîné. Tu sais que nous n'avons pas le droit, Jimmy.

— De toute façon, c'est mieux de manger des pommes ou des raisins, continua l'autre frère, car ils sont aussi sucrés et savoureux.

— Beurk, Je n'aime pas manger des fruits, dit Jimmy.

— Mais devine quoi ? J'ai vu que Maman a acheté de nouveaux bonbons hier, murmura Jimmy, je vais en prendre quelques-uns. Qui vient avec moi ?

— Pas moi, répondit son frère aîné.

— Je ne viens pas non plus, répondit son autre frère.

Les deux frères aînés retournèrent à leurs jeux. Lentement, Jimmy se frayait un chemin vers la cuisine.

Il quitta la pièce et regarda autour de lui pour s'assurer que personne ne le voyait.

Quand il arriva à la cuisine, la table était déjà mise pour le déjeuner.

Chaque lapin avait sa propre assiette. L'aîné avait une assiette bleue et l'autre frère en avait une verte. L'assiette orange était pour Jimmy.

Au centre de la table se trouvait un grand saladier rempli de légumes frais. Il y avait des concombres, des carottes, des tomates, des poivrons verts et jaunes, et du chou.

« Berk ! Je ne vais pas manger ÇA », pensa Jimmy.

Il alla vers le placard où il avait vu sa mère mettre le paquet de bonbons. Mais le placard était très haut et Jimmy n'arrivait pas à l'atteindre.

*Il prit une des chaises et la plaça près du placard. Il grimpa dessus, mais il ne pouvait toujours pas atteindre la tablette !*

Jimmy descendit et regarda encore autour de lui. Cette fois, il prit un grand pot vide et le retourna. Il mit le pot sur la chaise et grimpa dessus.

Maintenant, il pouvait voir la tablette la plus haute. Dans le coin le plus éloigné de la tablette, il y avait, un énorme paquet plein de bonbons ! Mais… Il ne pouvait pas le toucher. Il avait besoin d'être un peu plus

« Que puis-je utiliser d'autre ? » Pensa Jimmy pendant qu'il descendait. Il vit le gros livre de cuisine de maman.

— C'est exactement ce dont j'ai besoin ! s'exclama-t-il joyeusement en attrapant le livre.

Il mit le livre de cuisine sur le pot et recommença à grimper doucement.

Mais dès que Jimmy atteignit le sac de bonbon, la chaise commença à tanguer. Jimmy perdit son équilibre et tomba à plat sur le sol.

Le pot tomba près de lui dans un grand bruit. Le livre arriva ensuite, et atterrit sur la tête du pauvre Jimmy.

Soudain, quelque chose d'étrange se produisit. Alors que Jimmy regardait le placard, il lui semblait que celui-ci devenait de plus en plus haut. Il essaya de se mettre debout, mais il était étourdi et il dut s'asseoir.

A ce moment, ses deux frères vinrent dans la cuisine.
— Quel était ce bruit, demandèrent-ils, et où est Jimmy ?

— Je suis ici ! Jimmy faisait signe avec sa main.

— Jimmy, comment es-tu devenu si petit ? demanda son frère.

A ce moment-là Jimmy a compris pourquoi tout paraissait si grand. Il était devenu aussi petit qu'une souris !

— Je ne sais pas, pleurait Jimmy, je suis juste monté pour prendre quelques bonbons, et je suis tombé.

—C'est peut-être pour ça que tu es si petit ! s'exclama son frère.

— Oh non ! Est-ce que je vais rester petit pour toujours ? criait Jimmy.

— Ne pleure pas dit son frère aîné, nous allons réfléchir à quelque chose. Nettoyons ce bazar avant que Maman arrive.

Juste au moment où les frères finissaient de tout ranger, leur maman entra dans la cuisine.

— Nous allons bientôt déjeuner. Mais où est Jimmy ?

— Heu, heu…, bégaya son frère en réfléchissant à une réponse.

— Il doit s'assurer qu'il mange ses fruits et légumes, répondit leur mère, ils contiennent beaucoup de vitamines et minéraux qui aident le corps à grandir plus vite.

— Maintenant, vous pouvez vous asseoir, je vais appeler Papa et Jimmy, dit leur mère en sortant de la cuisine.

Le frère aîné se tourna vers Jimmy.
— Dépêche-toi ! Tu dois manger tes fruits et légumes pour grandir vite.

— Beurk, j'en ai pas envie ! cria Jimmy, je n'aime pas les fruits ou les légumes !

— Veux-tu rester comme ça toute ta vie ? demanda son autre frère.

— Bien sûr que non ! répondit Jimmy.

— Alors mange quelques légumes, dit son frère aîné, peut-être que tu vas même les aimer. Il prit rapidement une carotte sur la table et la mit dans la bouche de Jimmy.

— Hummm... c'est sucré et même savoureux, dit Jimmy pendant qu'il mâchait sa carotte avec sa grosse dent blanche.

Soudain, il ressentit un étrange frisson lui parcourir tout le corps – c'était magique.

— Jimmy, regarde ! Tu as un peu grandi ! cria son grand frère tout joyeux.

— Tiens, mange autre chose, ajouta l'autre frère. Il donna à Jimmy un concombre juteux.

Après chaque bouchée, il sentait son corps devenir de plus en plus fort.
　　　　　　　　Il grandissait !

— Jimmy, tu es redevenu toi-même, lui cria son frère aîné et couru vers lui pour l'embrasser.

— Comment te sens-tu maintenant ? demanda-t-il.

— Je me sens bien et plein d'énergie, répondit Jimmy. Et vous savez quoi ? Ces fruits et légumes sont vraiment très savoureux. J'aurai dû les goûter avant !

Les trois frères commencèrent à rire fort et à sauter partout.

Quelques minutes après, les parents de Jimmy entrèrent dans la cuisine.
— Bien, vous êtes là, dit Papa.

— Je suis contente que tout le monde soit de bonne humeur, dit Maman, c'est une excellente manière de commencer le déjeuner ! N'oubliez pas de laver vos mains !

La joyeuse famille s'assit autour de la grande table et commença à manger tous les mets savoureux. Et même Jimmy finit son assiette entière.

Depuis ce jour, Jimmy aime manger ses fruits et légumes. Parfois, il mange des bonbons mais seulement après les repas.

www.ingramcontent.com/pod-product-compliance
Lightning Source LLC
LaVergne TN
LVHW072006060526
838200LV00010B/294